Impressum
Verlag: BABADADA GmbH, Nedderfeld 112 , 22529 Hamburg
Geschäftsführer / Verlagsleitung: Harald Hof
Druck: Books on Demand GmbH, In de Tarpen 42, 22848 Norderstedt

Imprint
Publisher: BABADADA GmbH, Nedderfeld 112 , 22529 Hamburg, Germany
Managing Director / Publishing direction: Harald Hof
Print: Books on Demand GmbH, In de Tarpen 42, 22848 Norderstedt, Germany

школа

duɗal

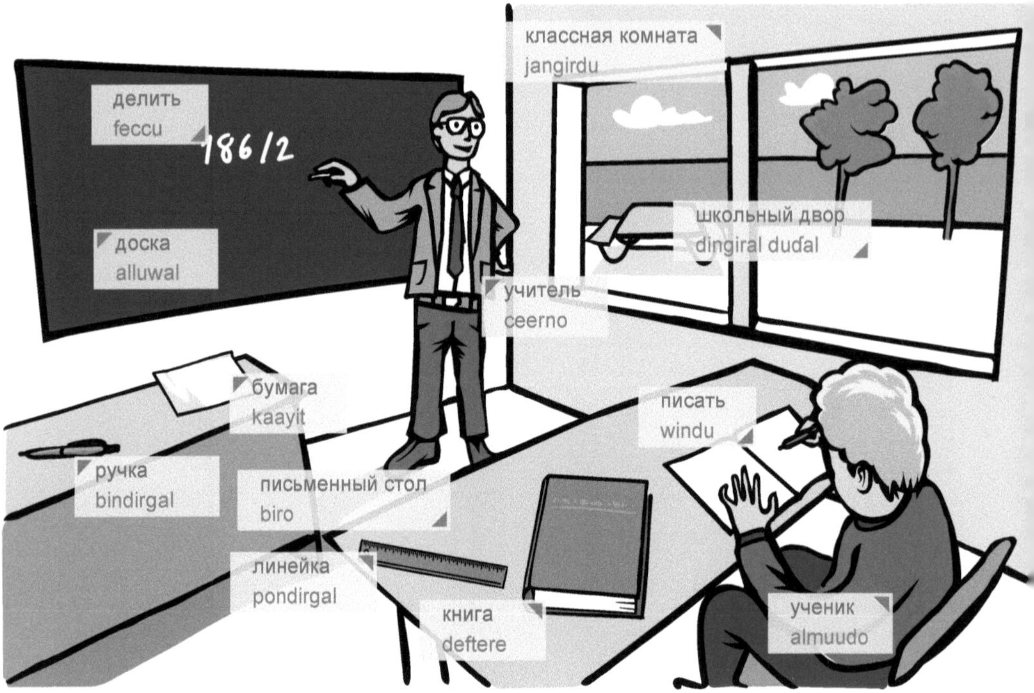
классная комната
jangirdu
делить
feccu
186/2
доска
alluwal
школьный двор
dingiral duɗal
учитель
ceerno
бумага
kaayit
писать
windu
ручка
bindirgal
письменный стол
biro
линейка
pondirgal
книга
deftere
ученик
almuudo

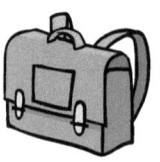

ранец

sakosel

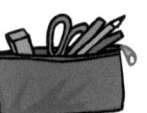

пенал

suudu kuɗol

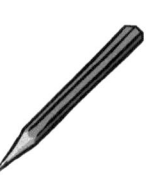

карандаш

kuɗol

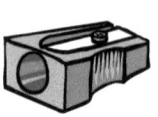

точилка

ceeɓnoowo kuɗol

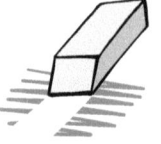

ластик

momtirgal

альбом для рисования

nokku diidirɗo

рисунок

diidgol

кисточка

diidirgal

коробка красок

suudu diidordu

ножницы

sisooje

клей

kol

тетрадь

deftere softinorde

домашняя работа

coftinogol

12

цифра

tongoode

2+2

прибавлять

ɓeydu

5-2

вычитать

ustu

2×2

умножать

hebbin

считать

lim

A

буква

bataake

ABCDEFG
HIJKLMN
OPQRSTU
VWXYZ

алфавит

hijju

hello

слово

kongol

текст

windande

читать

jangu

мел

bindirgal

урок

darsu

классный журнал

windaade

экзамен

ÿeewtogol

диплом

ijaazi

школьная форма

wutte jaɲirɗo

образование

jaŋde

энциклопедия

ɗowitorde mawnde

университет

jaaɓi haatirde

микроскоп

mokoroskop

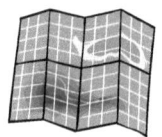

карта

wertaango

корзина для бумаг

siwo mbalis

школа - duɗal

путешествие
ɗannaade

гостиница
otel
Grand
турбаза
hoɗirdu
ROOMS
пункт обмена валюты
nokku beccirɗo
EXCHANGE
чемодан
woliis
автомобиль
oto

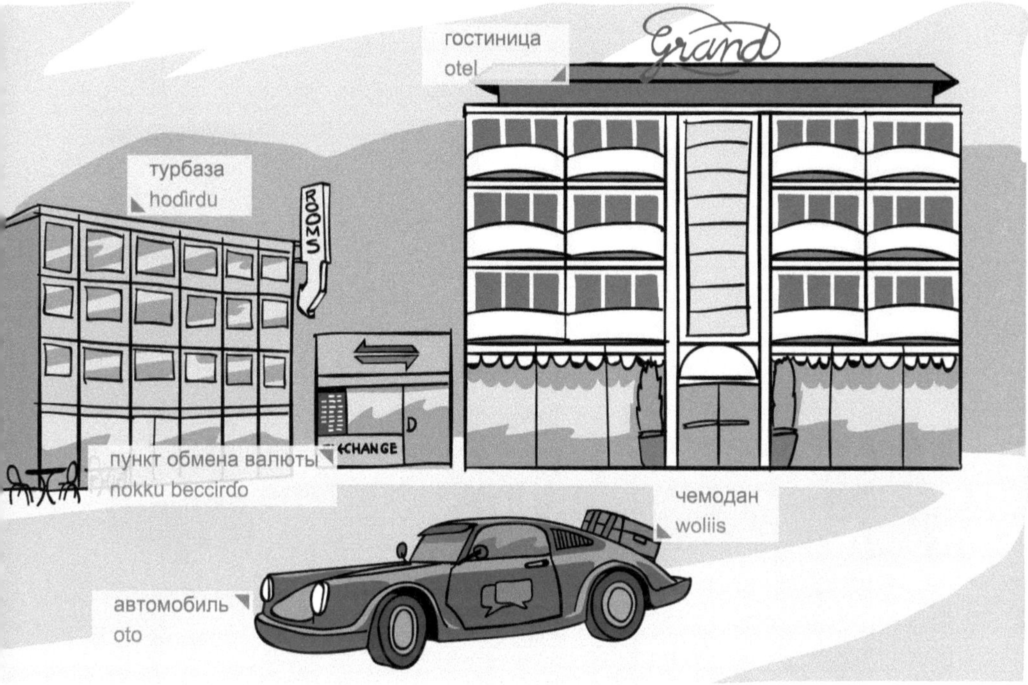

язык

ɗemngal

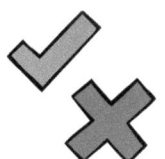

да / нет

ey / ala

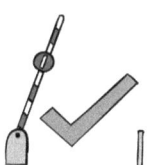

хорошо

Eyyo

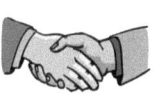

Привет

mbaɗɗa

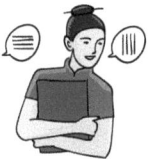

переводчик

pirtoowo

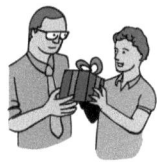

Спасибо

jaraama

Сколько стоит…?

hono foti...?

Я не понимаю

mi faamaani

проблема

satteende

Добрый вечер!

jam hiiri

Доброе утро!

jam waali

Доброй ночи!

jam waal

До свидания

baay baay

направление

ngardiindi

багаж

kaake

сумка

saak

рюкзак

saak bakke

гость

koɗo

комната

suudu

спальный мешок

saak ɗaanorɗo

палатка

taanta

туристическая
информация

kabaaru jillotoodo

пляж

palaaz

кредитная карточка

kartal keredii

завтрак

kasitaari

обед

bottaari

ужин

hiraande

билет

tikkett

лифт

suutde

почтовая марка

tembere

граница

keerol

таможня

soodoobe

посольство

ambasaat

виза

wiisa

паспорт

paaspoor

транспорт

yangarta

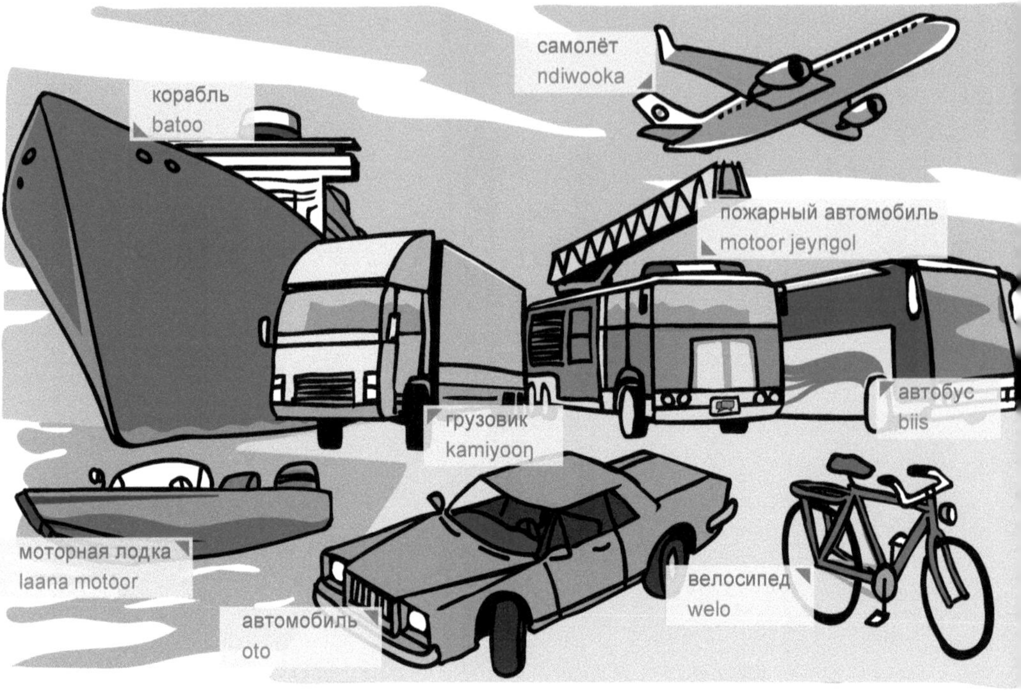
самолёт
ndiwooka
корабль
batoo
пожарный автомобиль
motoor jeyngol
автобус
biis
грузовик
kamiyooŋ
моторная лодка
laana motoor
велосипед
welo
автомобиль
oto

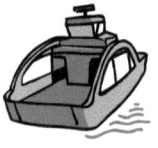

паром

baak

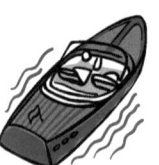

лодка

laana

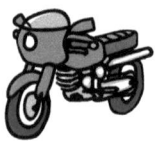

мотоцикл

welo motoor

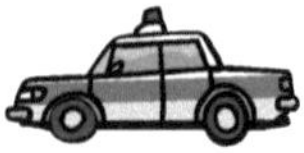

полицейский автомобиль

oto poliis

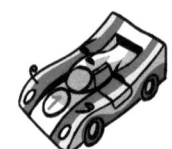

гоночный автомобиль

oto dandu

арендованный автомобиль

otoluwaaɗo

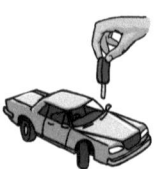

совместное пользование
автомобилями

rendude oto

буксировочный
автомобиль

lenge

мусоровоз

kamiyoon salo

двигатель

moto

топливо

gaas

заправка

esaaseer

дорожный знак

maantorde tali

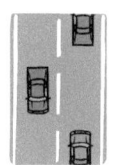

движение

tali

пробка

bittugol tali

автостоянка

darnirde oto

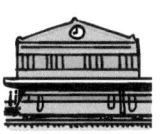

вокзал

dartorde teree

рельсы

laabi

поезд

teree

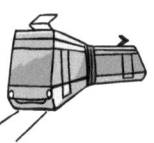

трамвай

taraam

вагон

nawgol

вертолёт

elikooteer

аэропорт

aydapoor

вышка

huɓeere

пассажир

jahoowo

контейнер

kontaneer

коробка

kees

тележка

saret

корзина

siwo

взлетать / приземляться

diw / tello

город

wuro

деревня

saare

центр города

hakkunde wuro

дом

galle

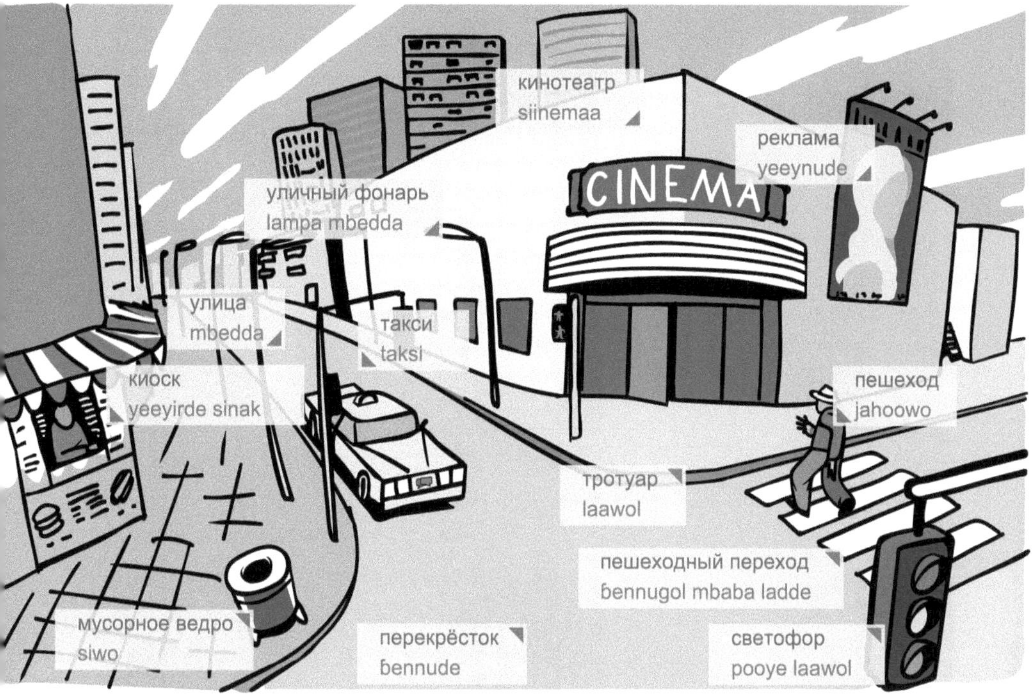

кинотеатр
siinemaa

реклама
yeeynude

уличный фонарь
lampa mbedda

CINEMA

улица
mbedda

такси
taksi

киоск
yeeyirde sinak

пешеход
jahoowo

тротуар
laawol

пешеходный переход
ɓennugol mbaba ladde

мусорное ведро
siwo

перекрёсток
ɓennude

светофор
pooye laawol

хижина

tiba

квартира

hoɗorde

вокзал

dartorde teree

ратуша

meeri

музей

miise

школа

duɗal

университет

jaabi haatirde

банк

baŋke

больница

safrirdu

гостиница

otel

аптека

farmasii

офис

gollorde

книжный магазин

yeeyirde defte

магазин

yeeyirde

цветочный магазин

mo nehoowo leɗɗe

супермаркет

duggere

рынок

jeere

универмаг

yeeyirde diiwaan

торговец рыбой

mo gawoowo

торговый центр

nokku njeeygu

порт

telloorde

парк

parka

скамейка

jooɗorde

мост

pooŋ

лестница

ŋabbirɗe

метро

les leydi

тоннель

laawol les

автобусная остановка

dartorde biis

бар

baar

ресторан

restoraaŋ

почтовый ящик

suudu posto

табличка с названием
улицы

maantorde mbedda

паркометр

meetorde parka

зоопарк

nehirde kulle

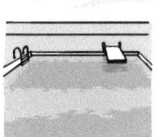

бассейн

pisiin

мечеть

jumaa

ферма

ngesa

загрязнение окружающей среды

bonande

кладбище

genaale

церковь

ekiliis

детская площадка

dingiral

храм

tempele

ландшафт

satto

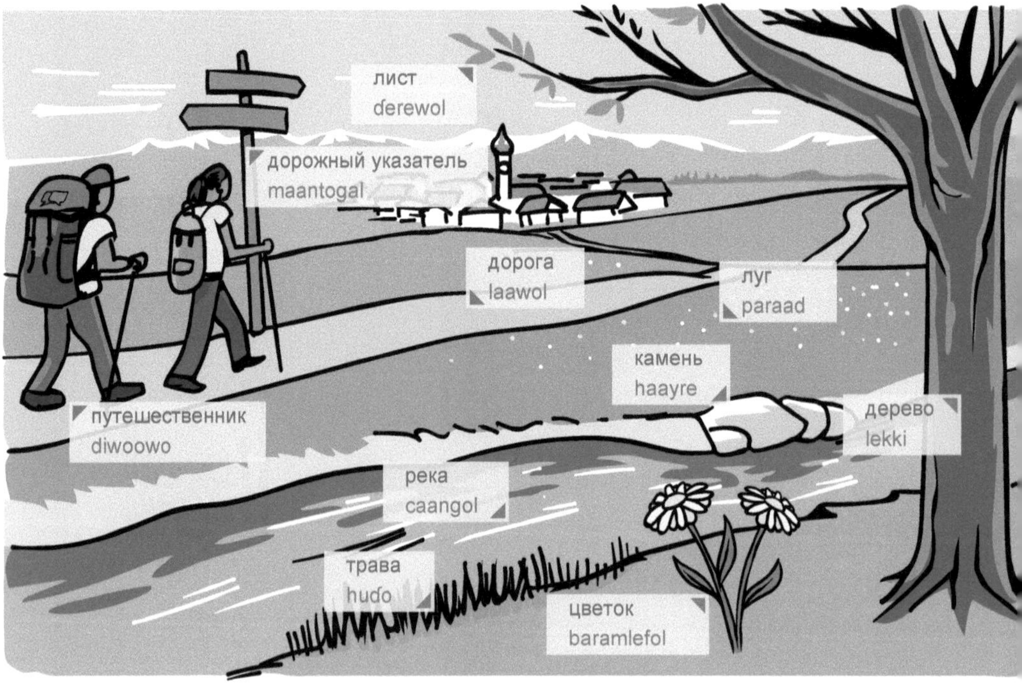

лист
ɗerewol

дорожный указатель
maantogal

дорога
laawol

луг
paraad

камень
haayre

дерево
lekki

путешественник
diwoowo

река
caangol

трава
huɗo

цветок
baramlefol

долина

fongo

гора

tiwaande

озеро

weendu

лес

dundu

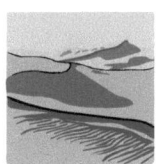

пустыня

ladde

вулкан

wolkaaŋ

замок

hoɗorde

радуга

timtimol

гриб

wiiduru gaynaako

пальма

lekki koko

комар

ɓongu

муха

diw

муравей

ñuuñu

пчела

ñaaku

паук

njabala

жук

karaab

лягушка

paaɓa

белка

jiire

еж

nguru paaɓa

заяц

wojere

сова

hooweere

птица

ndiwri

лебедь

kankaleewal

кабан

fowru

олень

lella

лось

kooba

плотина

baaraas

ветряной генератор

seɗa hendu

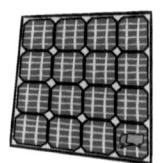

солнечная батарея

mbeɗu naange

климат

kilimaaŋ

ресторан

restoraaŋ

официант
carwoowo
меню
ndefu
стул
jooɗorde
суп
suppu
пицца
pissaa
столовые приборы
wutayel
скатерть
nappu

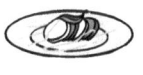

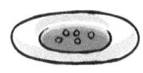

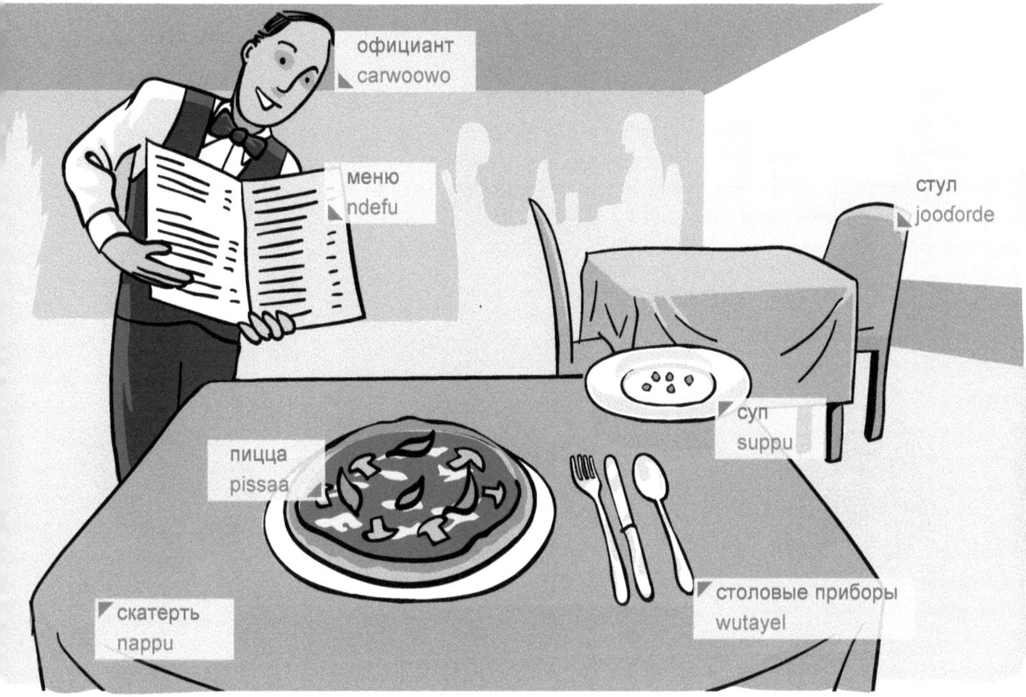

закуска
puɗɗorɗo

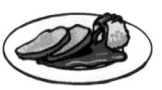

главное блюдо
barme mawɗo

десерт
deseer

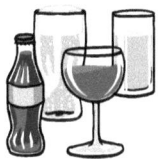

напитки
njarameeje

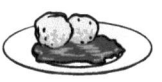

еда
ñamri

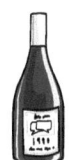

бутылка
bitel

фастфуд

fastfuut

уличная еда

ñaamde mbedda

чайник

pot ataaya

сахарница

taasa suukara

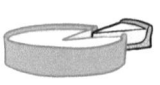

порция

geɗal

кофеварка

masin esperesoo

детский стульчик

jooɗorde toownde

счет

faktiir

поднос

terey

нож

paaka

вилка

fursett

ложка

kuddu

чайная ложка

kuddu ataaya

салфетка

torsooŋ

стакан

weer

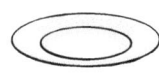

тарелка

palaat

суповая тарелка

palaat suppu

блюдце

coosoowo

соус

soos

солонка

pot lamɗam

мельница для перца

poobaar

уксус

wineegar

масло

diwliin

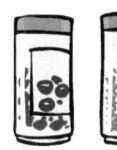

специи

kaaniije

кетчуп

ketsoop

горчица

mutaarde

майонез

maynees

супермаркет

duggere

специальное предложение
dokkal teentungal
FOR
покупатель
coodoowo
молочные продукты
deftel
фрукты
ɓingel leggal
тележка для покупок
saret

BUTCHERS

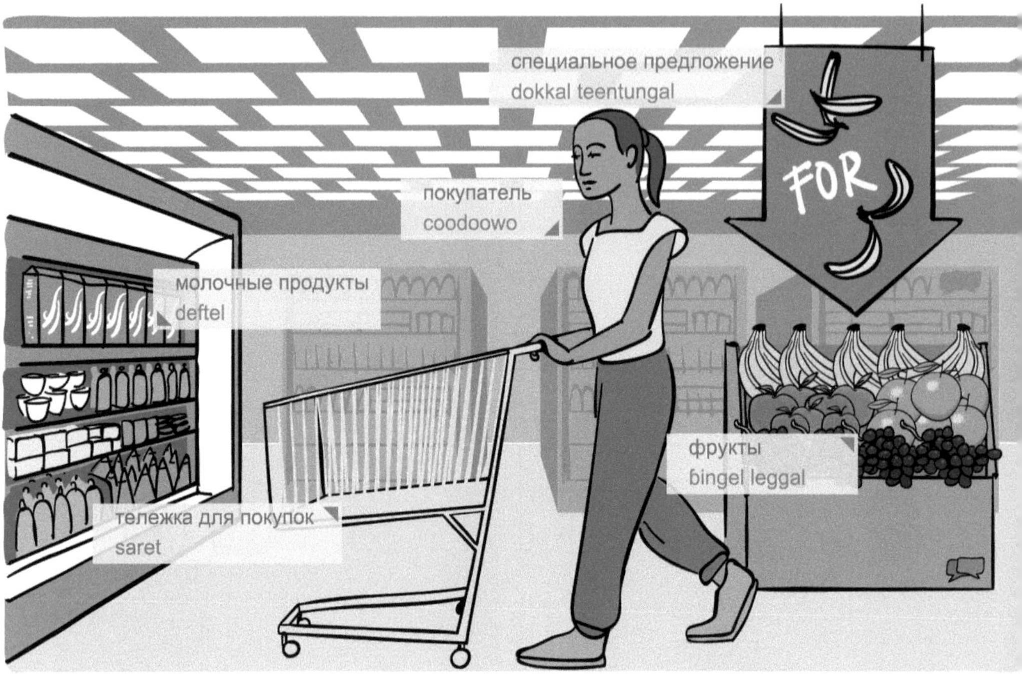

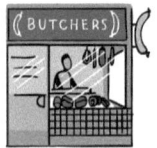

мясной магазин

mo jeeyoowo teewu

BAKERY

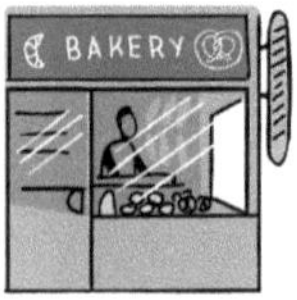

пекарня

mo piyoowo mburu

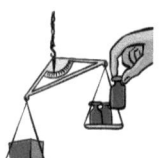

взвешивать

ɓett

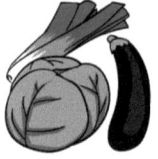

овощи

ɓiɓe leɗɗe

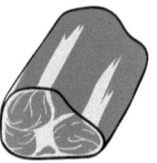

мясо

teewu

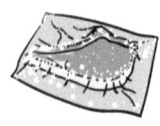

быстрозамороженные продукты

ñamri fendiindi

нарезка

teewu buubngu

консервы

ñamri

стиральный порошок

omo

сладости

tangaleeji

предмет домашнего обихода

gede galle

моющее средство

gede labbinooje

продавщица

jeeyoowo

касса

hippoode

кассир

ngaluyanke

список покупок

limo soodetee

время работы

waktuuji gudditeedi

бумажник

kalbe

кредитная карточка

kartal keredii

сумка

saak

полиэтиленовый пакет

saak dalli

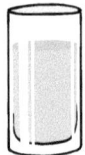

вода

ndiyam

сок

sii

молоко

kosam

кока-кола

Koowk

вино

sangara

пиво

sangara

алкоголь

alkol

какао

koka

чай

ataaya

кофе

kafe

эспрессо

esperesoo

капучино

kaputsiino

банан

banaana

яблоко

pomere

апельсин

oraaŋs

арбуз

dende

лимон

limoŋ

морковь

karott

чеснок

laac

бамбук

bambuu

лук

soblere

гриб

wiiduru gaynako

орехи

gerte

лапша

kodde

спагетти

espaketii

рис

maaro

салат

solaat

картофель фри

sipse

жареный картофель

padaas pasnaaɗo

пицца

pissaa

гамбургер

amburgoor

сэндвич

sandiis

шницель

tayre

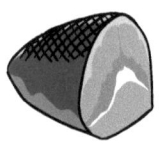

ветчина

heltinde

салями

salaami

колбаса

soosiis

курица

gertogal

жаркое

juɗe

рыба

liingu

еда - ñamri

овсяные хлопья

karaw

мюсли

miyesli

кукурузные хлопья

butaali makka

мука

cafka

круассан

koraasaŋ

булочка

loocol mburu

хлеб

mburu

тост

mburu

печенье

mbiskit

масло

boor

творог

caakri

пирог

ngato

яйцо

boofoode

яичница

bofoode defaaɗo

сыр

formaas

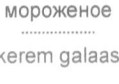

мороженое

kerem galaas

сахар

suukara

мёд

njuumri

мармелад

piire

крем с нугой

soosde sokola

карри

kiri

ферма

ngesa

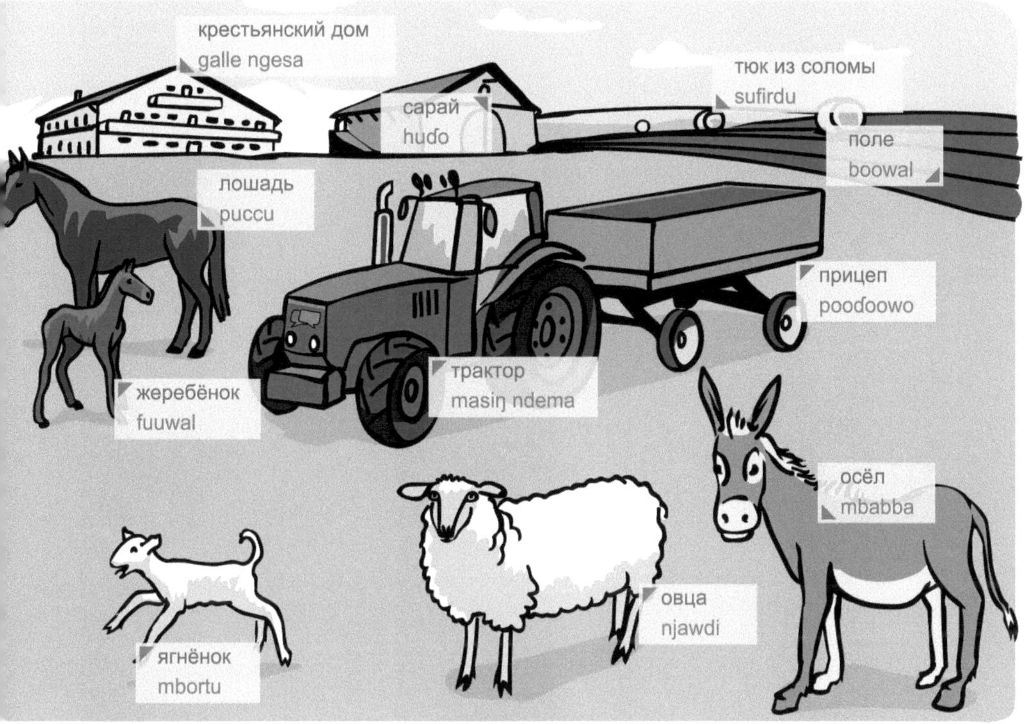

крестьянский дом
galle ngesa
тюк из соломы
sufirdu
сарай
huɗo
поле
boowal
лошадь
puccu
прицеп
pooɗoowo
трактор
masiŋ ndema
жеребёнок
fuuwal
осёл
mbabba
овца
njawdi
ягнёнок
mbortu

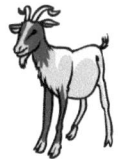

коза

ndamndi

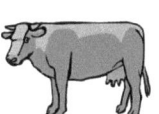

корова

ngaari

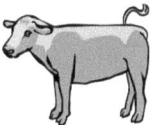

телёнок

ñale

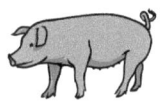

свинья

mbaba tugal

поросёнок

ɓingel tugal

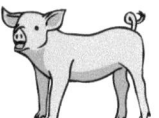

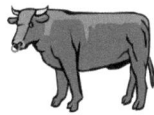

бык

ngaari

гусь

jaawalal

утка

jaawangal

цыплёнок

gertogal

курица

jarlal

петух

ngori

крыса

doombru

кошка

ulluundu

мышь

dombru

вол

ngaari

собака

rawaandu

конура

suudu rawaandu

садовый шланг

lekki werte

лейка

bitel ndiyam

коса

jalo

плуг

jabbude

серп

wafdu

мотыга

caga

навозные вилы

furset yettirɗo

топор

jambere

тачка

burwett

корыто

jardugal

бидон для молока

bitel kosam

мешок

bonnude

забор

heerorde

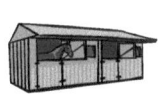

хлев

dari

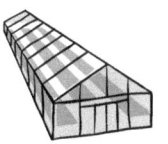

теплица

resofmaaŋ

почва

leydi

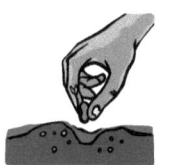

посев

aawdi

удобрение

engere

комбайн

rendin coñoowo

ферма - ngesa

собирать урожай

soñ

урожай

coñal

ямс

ñambi

пшеница

ndiyamiri

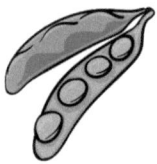

соя

soozaa

картофель

padaas

кукуруза

makka

рапс

aawdi adan

фруктовое дерево

lekki ɓesnooki

маниок

kasaawa

злаки

gawri

дом
galle

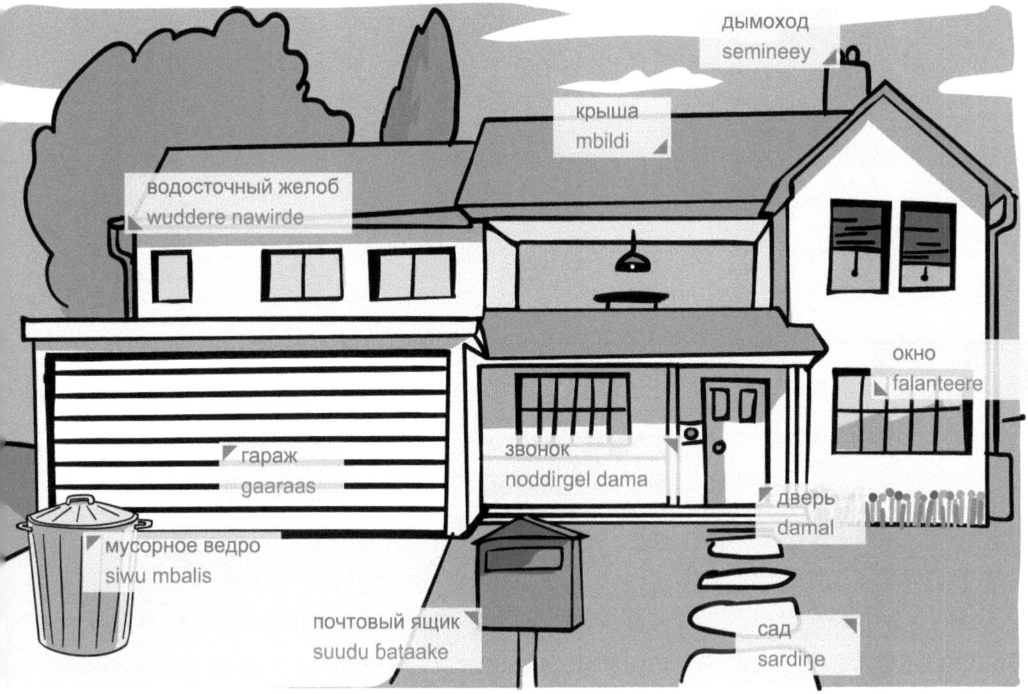

дымоход
semineey
крыша
mbildi
водосточный желоб
wuddere nawirde
окно
falanteere
гараж
gaaraas
звонок
noddirgel dama
дверь
damal
мусорное ведро
siwu mbalis
почтовый ящик
suudu ɓataake
сад
sardiŋe

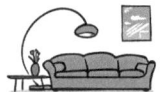

гостиная

saal

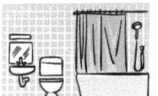

ванная комната

lootorde

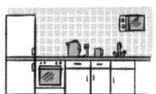

кухня

waañ

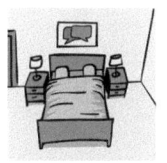

спальня

suudu lelteendu

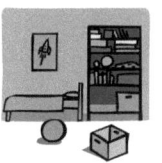

детская комната

suudu suka

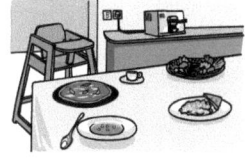

столовая

suudu hirtordu

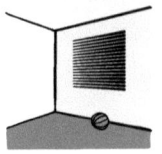

пол

leydi

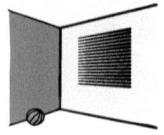

стена

miir

потолок

dira

подвал

masiŋel

сауна

soona

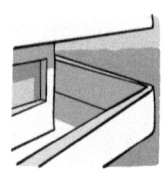

балкон

balkooŋ

терраса

teeraas

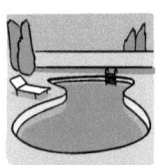

бассейн

pisin

газонокосилка

tondoos

пододеяльник

kaayit

покрывало

mbertanteeri

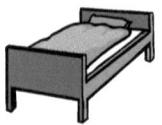

кровать

lelnde

метла

pittirɗe

ведро

siwoo

выключатель

waylu

гостиная
saal

обои
foodekaraŋ
рисунок
nattal
лампа
lampa
полка
dow
шкаф
baye
телевизор
lewe
камин
fotekaaŋ
цветок
baramlefol
подушка
njegenaay
диван
soofaa
ваза
kaas
пульт дистанционного управления
komaande

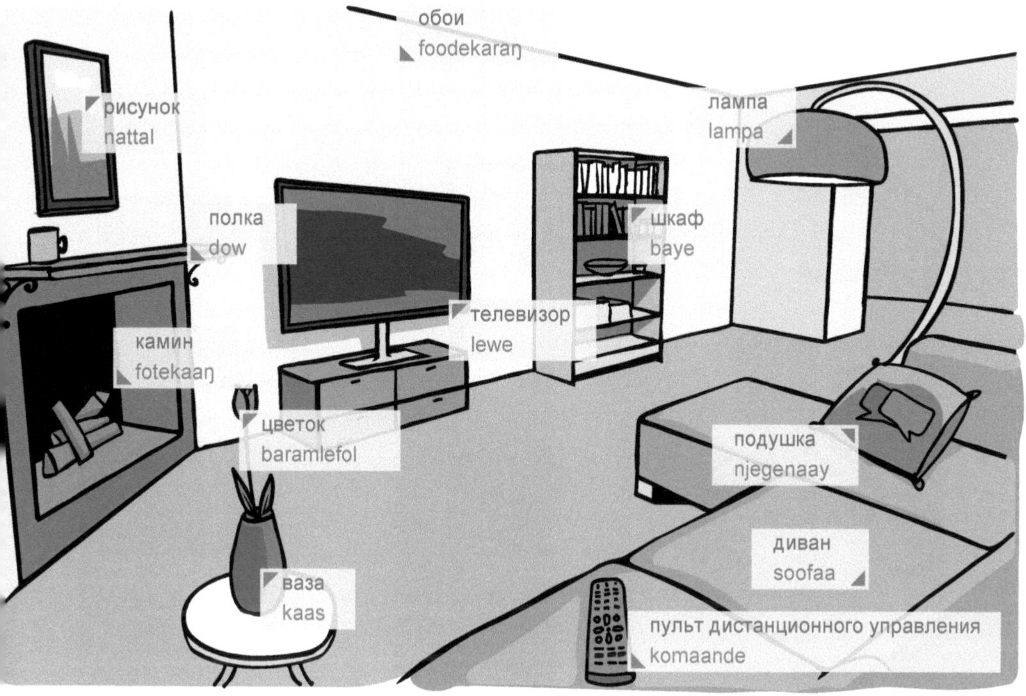

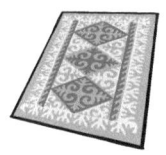

ковёр

tappi

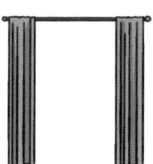

штора

rido

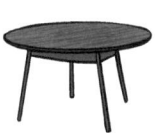

стол

taabal

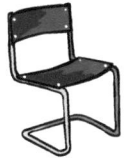

стул

jooɗorde

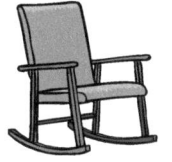

кресло-качалка

jooɗorde timmunde

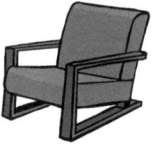

кресло

tuggorde

книга

deftere

покрывало

suddaare

украшение

cinki

дрова

docotal

фильм

filmo

стереосистема

kuutorɗe hi-fi

ключ

caabi

газета

jaaynde

картина

pentiirde

плакат

posteer

радио

haalirde

блокнот

deftel mooftirgel

пылесос

ŋabbude

кактус

siwo lekki

свеча

sondel

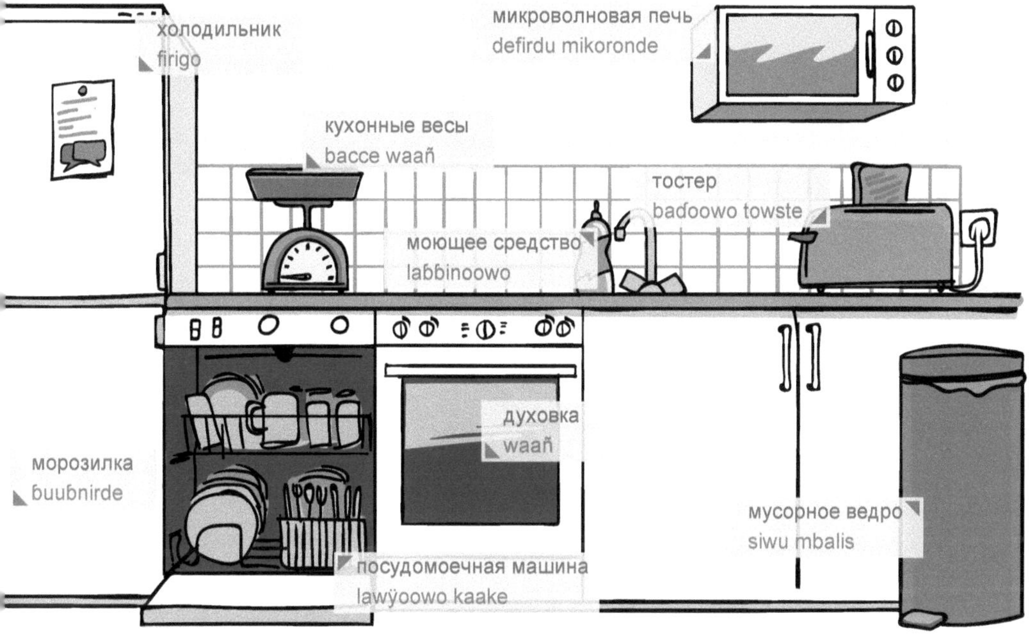

холодильник
firigo

микроволновая печь
defirdu mikoronde

кухонные весы
bacce waañ

тостер
baɗoowo towste

моющее средство
labbinoowo

духовка
waañ

морозилка
buubnirde

мусорное ведро
siwu mbalis

посудомоечная машина
lawÿoowo kaake

плита	кастрюля	чугунный котелок
defoowo	pot	pot baɗɗo njamdi

вок / кадай	сковорода	чайник
lehel	lahal	baraade

пароварка

gulnoowo

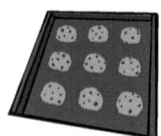

противень

fuur cumirɗo

посуда

wiisirde

кружка

kaas

миска

taasa

палочки для еды

bakett

половник

heɗirde

лопатка

kuundal

сбивалка

burgal

сито

gulnirɗo

сито

pool

тёрка

koosoowo

ступка

wowru

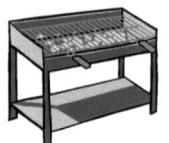

гриль

njuɗu

костёр

lewlewndu

доска

alluwal tayirgal

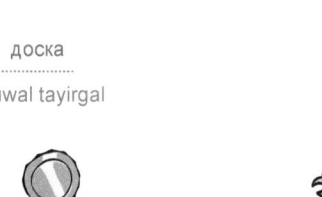

скалка

dullirgal

штопор

tenaay

жестяная банка

potyel

консервный нож

udditirɗo potyel

прихватка

jaggoowo pot

раковина

lawÿirde

щетка

borisde

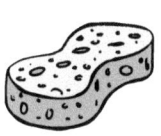

губка

epoos

миксер

jiiɓoowo

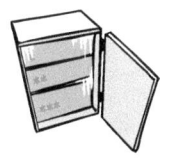

морозильная камера

firigo juutɗo

бутылочка для кормления

bitel tiggu

кран

robine

ванная комната
lootorde

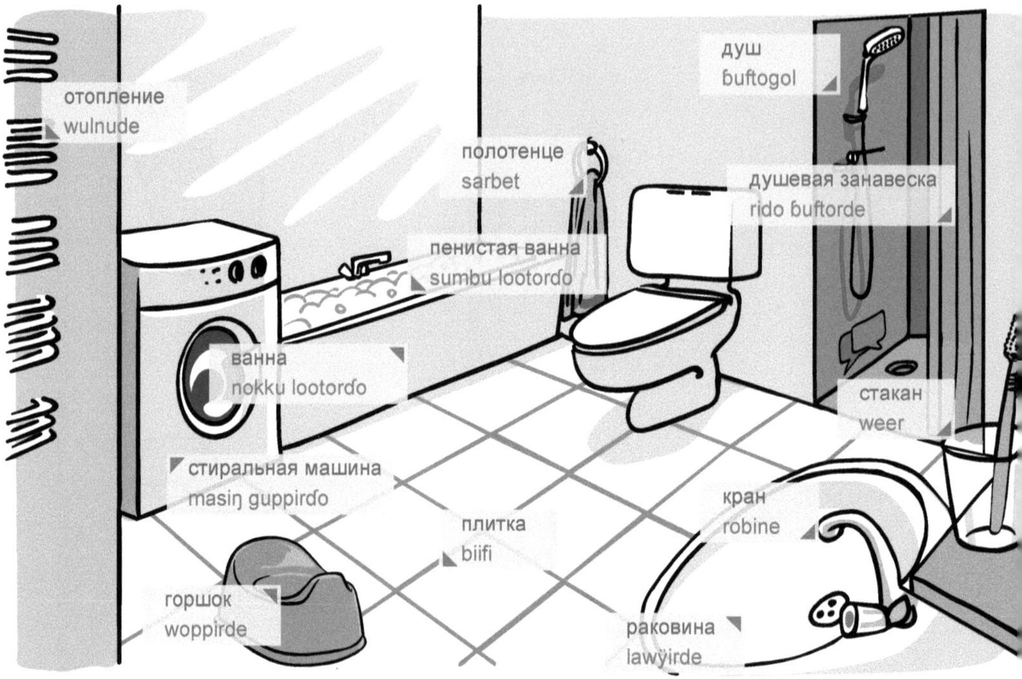

отопление
wulnude
полотенце
sarbet
душ
ɓuftogol
душевая занавеска
rido ɓuftorde
пенистая ванна
sumbu lootorɗo
ванна
nokku lootorɗo
стиральная машина
masiŋ guppirɗo
плитка
biifi
горшок
woppirde
кран
robine
стакан
weer
раковина
lawÿirde

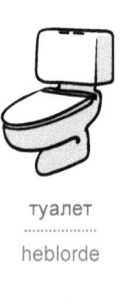

туалет
heblorde

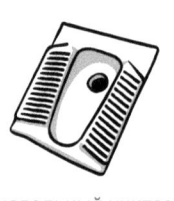

напольный унитаз
yaltirde les

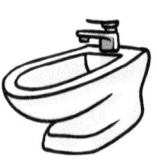

биде
yaltirde

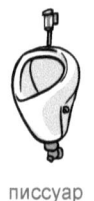

писсуар
soofirde

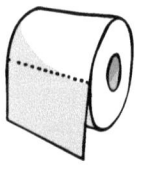

туалетная бумага
kaayit heblorde

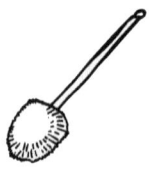

ершик
boros heblorde

зубная щетка

boros ñiiÿe

зубная паста

pat cocorđo

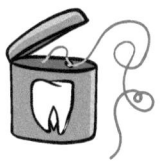

зубная нить

cocorgal

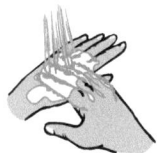

мыть

lawyu

ручной душ

buftorde jungo

интимный душ

jampe

таз

taasa

щетка для спины

boros keeci

мыло

saabunde

гель для душа

nebam buftorde

шампунь

sampoye

мочалка

lootogel

сток

yupude

крем

mileen

дезодорант

lati

зеркало

daarogal

ручное зеркало

daarogal jungo

бритва

rasuwaar

пена для бритья

sumbu pemborɗo

лосьон после бритья

lallitirde

расческа

koomu

щетка

boros

фен

yoorno hoore

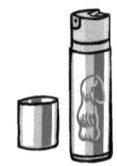

лак для волос

uurna hoore

косметика

makiyaas

губная помада

lippo

лак для ногтей

emaaye segene

вата

wiro

маникюрные ножницы

sisooje segene

духи

parfooŋ

косметичка

saawdu lawyirdu

табуретка

kuudi

весы

bacce betirde

халат

wutte lootorɗo

резиновые перчатки

kawaseeje dalli

тампон

tampooŋ

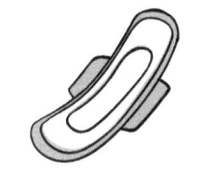

гигиеническая прокладка

sarbet labbinoorɗo

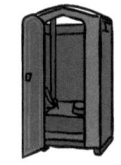

биотуалет

lootogol cellungol

детская комната
suudu suka

будильник
mantoor pindinoowo
мягкая игрушка
pijirgel ɗaatngel
игрушечный автомобиль
oto fijirde
погремушка
rekeet
кукольный домик
suudu puppe
подарок
tawa

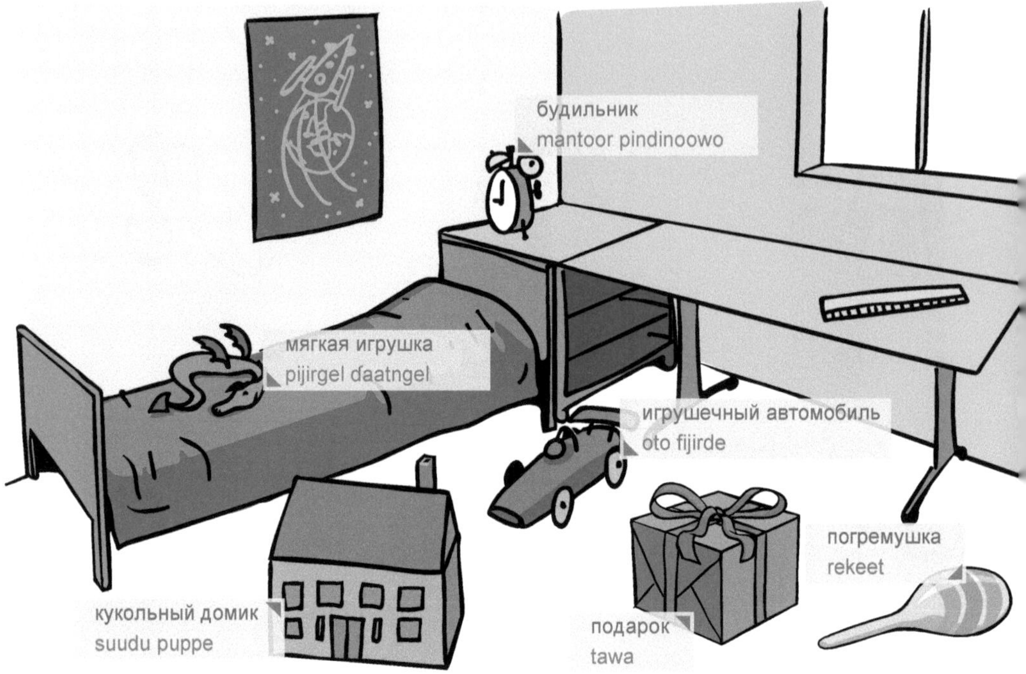

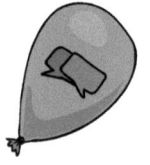

воздушный шар

balooŋ

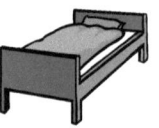

кровать

lelnde

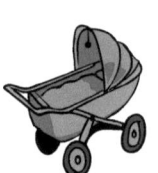

детская коляска

puus puus

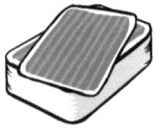

карточная игра

taabal karte

пазл

juwirgal

SUPER
MEGA

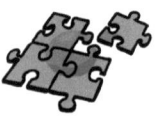

комикс

jalnii

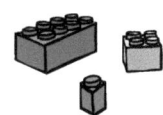

кирпичики Лего

tuufeeje lego

кубики

kaaÿe maadi

игрушечная фигурка

pijirgel suka

ползунки

wutte suka

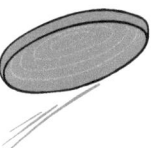

фрисби

mbiifu

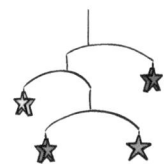

мобиле

noddirgel

настольная игра

fijirde alluwal

кубик

dee

модель железной дороги

tereŋ jahiroowo batiri

соска

ɗaayɗo

вечеринка

hiirde

книга с картинками

deftere natte

мяч

bal

кукла

puppe

играть

fij

песочница

ngaska leydi

качели

yirlude

игрушка

pijirɗe

игровая приставка

fijirde widoo peley

трёхколесный велосипед

biifi tati

плюшевый медвежонок

uluundu pijirgel

шкаф для одежды

woliis

одежда

boornogol

носки

kawaseeje

чулки

baardinirɗi

колготки

dogirɗi

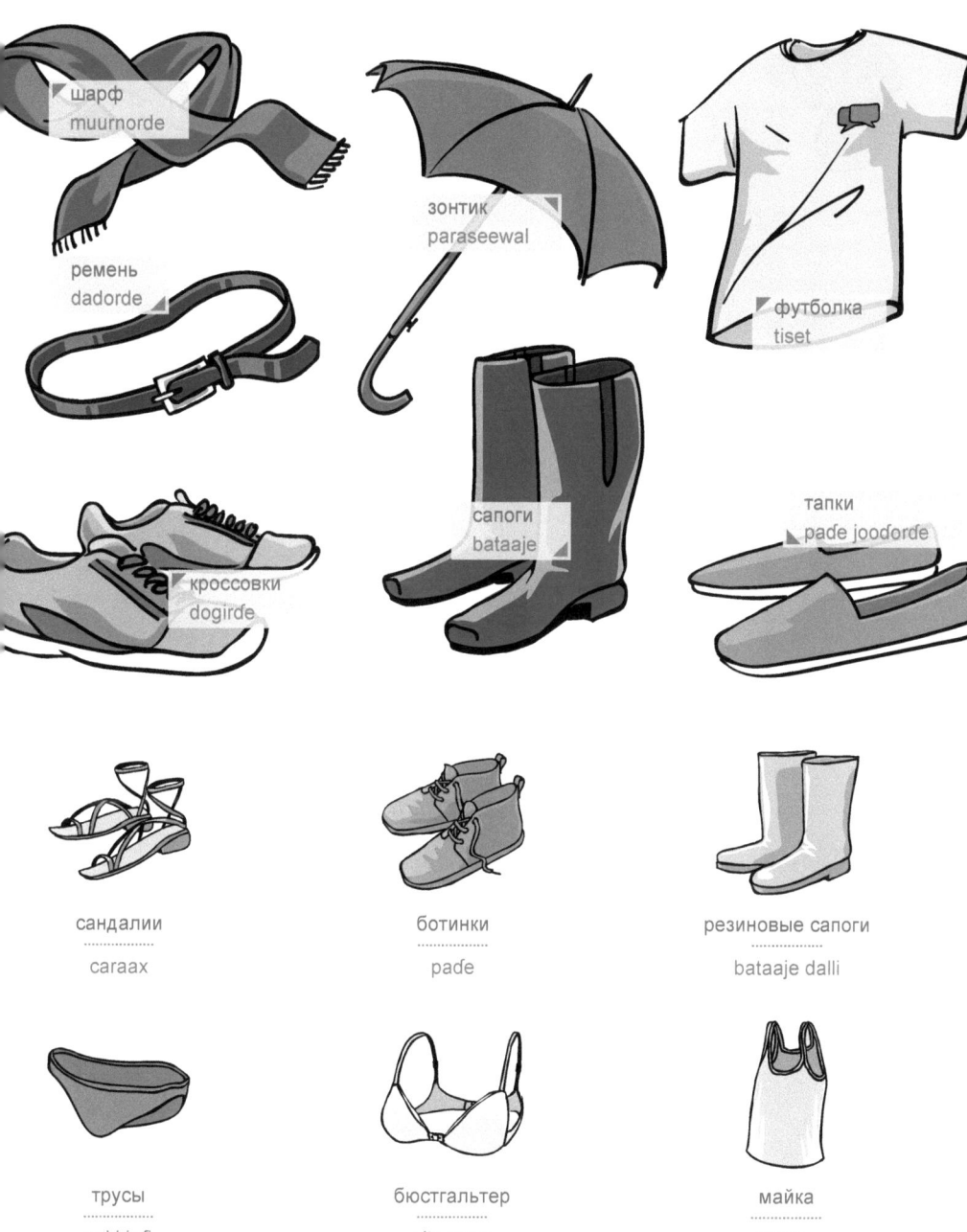

шарф
muurnorde

зонтик
paraseewal

футболка
tiset

ремень
dadorde

сапоги
bataaje

тапки
paɗe jooɗorde

кроссовки
dogirde

сандалии
caraax

ботинки
paɗe

резиновые сапоги
bataaje dalli

трусы
cakkirɗi

бюстгальтер
site ŋoos

майка
weste

боди

bandu

брюки

tuuba

джинсы

jiin

юбка

sippu

блузка

buluus

рубашка

wuttel

свитер

piliweer

свитер

njallaaba

спортивная куртка

balaseer suka

жакет

jakett

пальто

sabandoor

плащ

wutte tobo

костюм

kossim

платье

robbo

свадебное платье

wutte cuddungu

мужской костюм

cakkirɗo

ночная сорочка

robbo baalduɗo

пижама

baaluɗi

сари

sari

платок

fiilorde

тюрбан

kaala

паранджа

misoor

кафтан

haftan

абайя

abaaye

купальник

lumborɗo

плавки

leɗɗe

шорты

kilooti

спортивный костюм

dewirɗi

фартук

aparooŋ

перчатки

kawase

пуговица

nebbu

очки

lone

браслет

jawo

цепочка

cakka

кольцо

feggere

серьга

hootonde

шапка

laafa

вешалка

jaggirgal sabandoor

шляпа

kufna

галстук

karwaat

застежка молния

korsude

шлем

tengaade

подтяжки

jawe

школьная форма

wutte jaɲirɗo

форма

dadorɗo

детский нагрудник

nappu suka

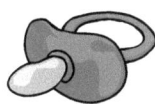

соска

ɗaayɗo

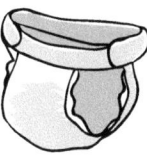

подгузник

fooftini

офис
gollorde

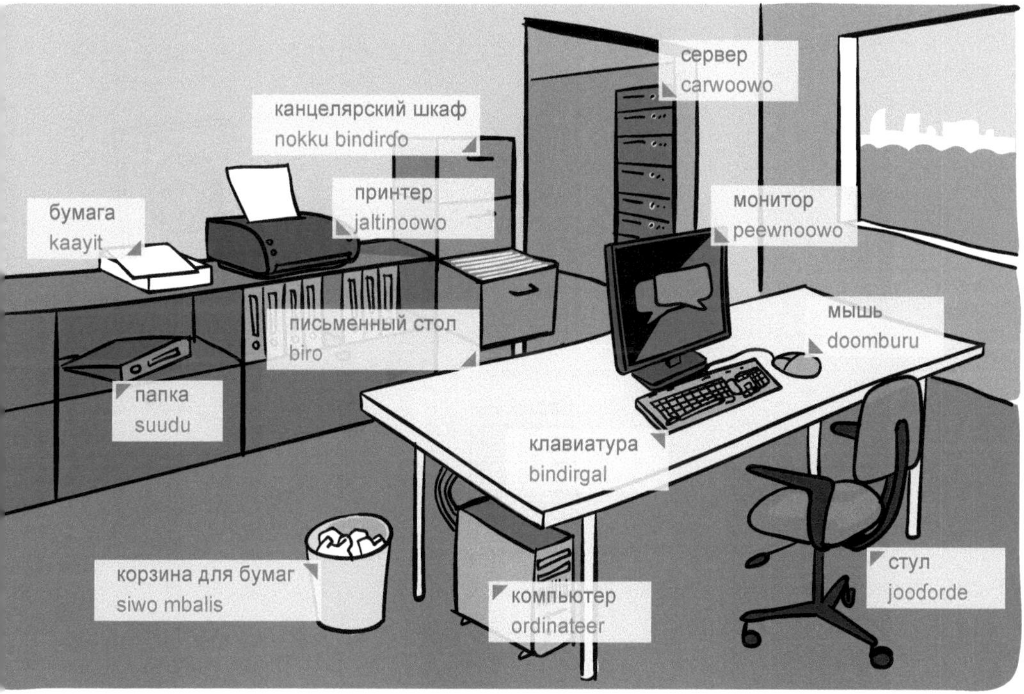

сервер
carwoowo

канцелярский шкаф
nokku bindirɗo

принтер
jaltinoowo

монитор
peewnoowo

бумага
kaayit

письменный стол
biro

мышь
doomburu

папка
suudu

клавиатура
bindirgal

корзина для бумаг
siwo mbalis

компьютер
ordinateer

стул
jooɗorde

кофейная кружка

koppu kafe

калькулятор

tongirde

интернет

enternet

ноутбук

ordinateer

письмо

bataake kaayit

сообщение

bataake

мобильный телефон

noddirgel

сеть

jokkondiral

ксерокс

nandinoowo

программа

kuutorgel

телефон

noddirgel

розетка

piriis

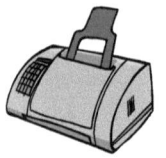

факс

masiŋ faksii

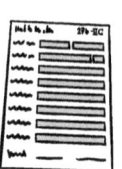

формуляр

sifaa

документ

kaayit

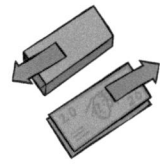

покупать

sood

платить

yob

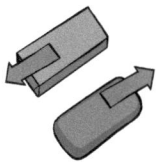

торговать

yeey

деньги

kaalis

 USD

доллар

dolaar

 EUR

евро

oro

 JPY

иена

yeen

 RUB

рубль

ruubal

 CHF

франк

siiwis farayse

 CNY

жэньминьби юань

yuwaan renminbi

 INR

рупия

ruppii

банкомат

nokku ngalu

пункт обмена валюты

nokku beccirɗo

золото

kaŋe

серебро

kaalis

нефть

peteroŋ

энергия

doole

цена

coggu

договор

jokkondiral

налог

lempo

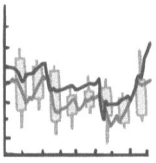

акция

jeyii

работать

liggo

служащий

liggotooɗo

работодатель

ligginoowo

фабрика

isin

магазин

yeeyirde

профессии
golle

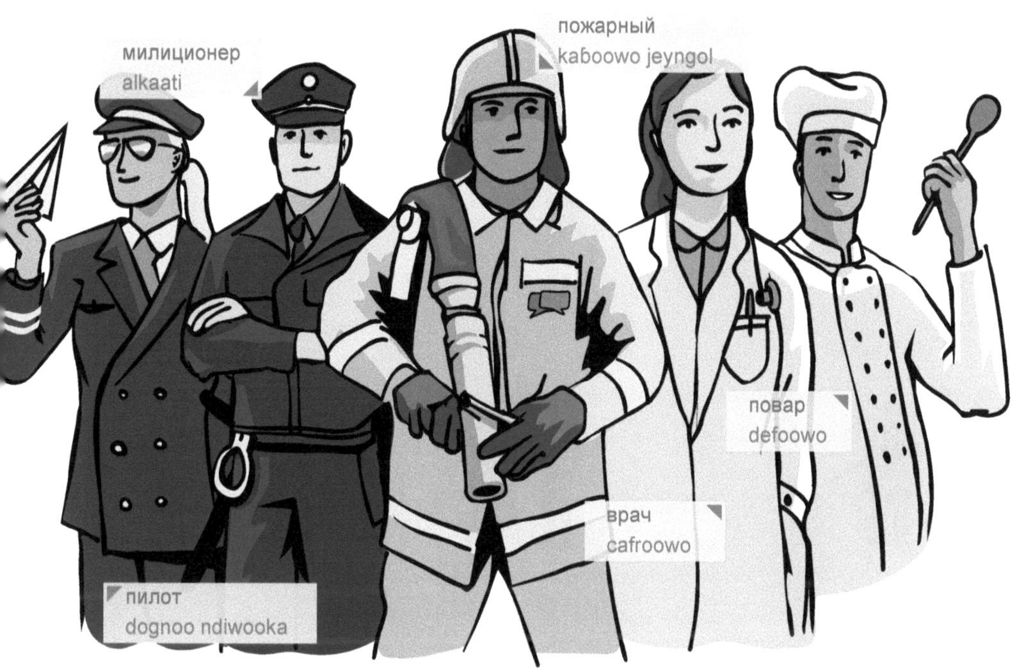
милиционер
alkaati
пожарный
kaɓoowo jeyngol
повар
defoowo
врач
cafroowo
пилот
dognoo ndiwooka

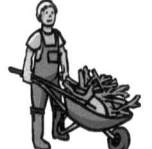

садовник
mooftoowo

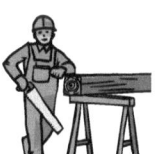

столяр
meniise

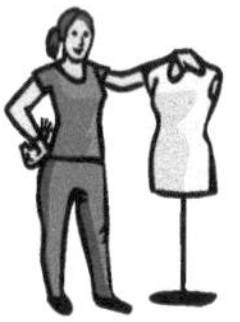

швея
gawoowo debbo

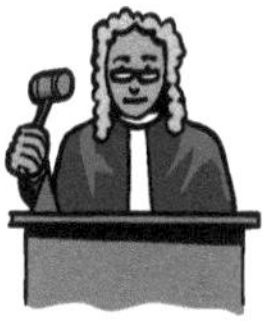

судья
ñaawoowo

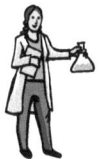

химик
simiyanke

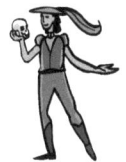

актёр
aktoor

водитель автобуса

diirnoowo biis

таксист

diirnoowo taksi

рыбак

gawoowo

уборщица

debbo pittoowo

кровельщик

biloowo

официант

carwoowo

охотник

baañoowo

художник

diidoowo

пекарь

piyoo mburu

электрик

peewnoo jeyngol

строитель

mahoowo

инженер

eseñoor

мясник

buusee

сантехник

polombiyee

почтальон

neɗɗo posto

солдат

soldaat

архитектор

arsitekte

кассир

ngaluyanke

флорист

ledɗeyanke

парикмахер

mooroowo

кондуктор

diirnoowo

механик

peenoowo jamɗe

капитан

gardiiɗo

зубной врач

safroowo ñiiÿe

ученый

gando

раввин

babbiin

имам

almaami

монах

muwaan

священник

neɗɗo alla

инструменты
kuutorɗe

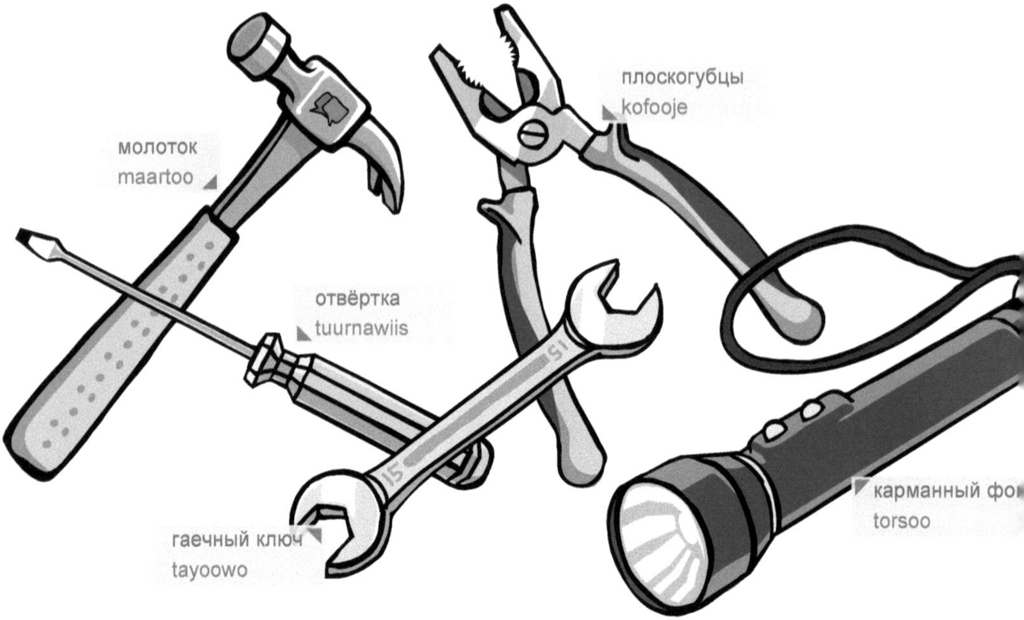
молоток
maartoo
плоскогубцы
kofooje
отвёртка
tuurnawiis
гаечный ключ
tayoowo
карманный фо
torsoo

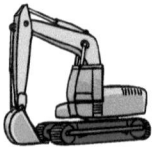

экскаватор

ngasirdi

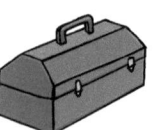

ящик для инструментов

suudu kuutorɗe

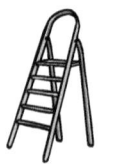

стремянка

seel

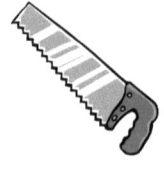

пила

siiy

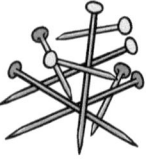

гвозди

pontooje

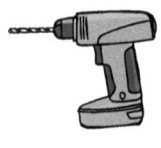

дрель

yuwirde

ремонтировать

feewnit

лопата

nokkirde

Блин!

sooot

совок

peel

ведро с краской

pot diidirɗo

винты

wiisuuji

музыкальные инструменты
pijirɗe

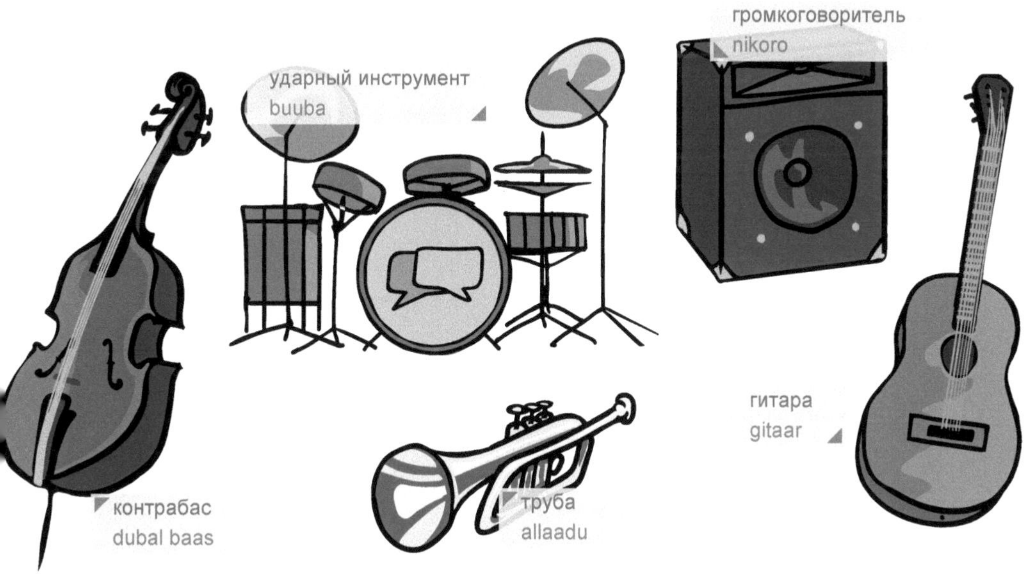

ударный инструмент
buuba

громкоговоритель
nikoro

контрабас
dubal baas

труба
allaadu

гитара
gitaar

пианино

piyaano

скрипка

ñaañooru

бас-гитара

baas

литавры

timpaan

барабан

bawɗi

синтезатор

bindirgal

саксофон

saksofooŋ

флейта

coolumbel

микрофон

haaldude

зоопарк
nehirde kulle

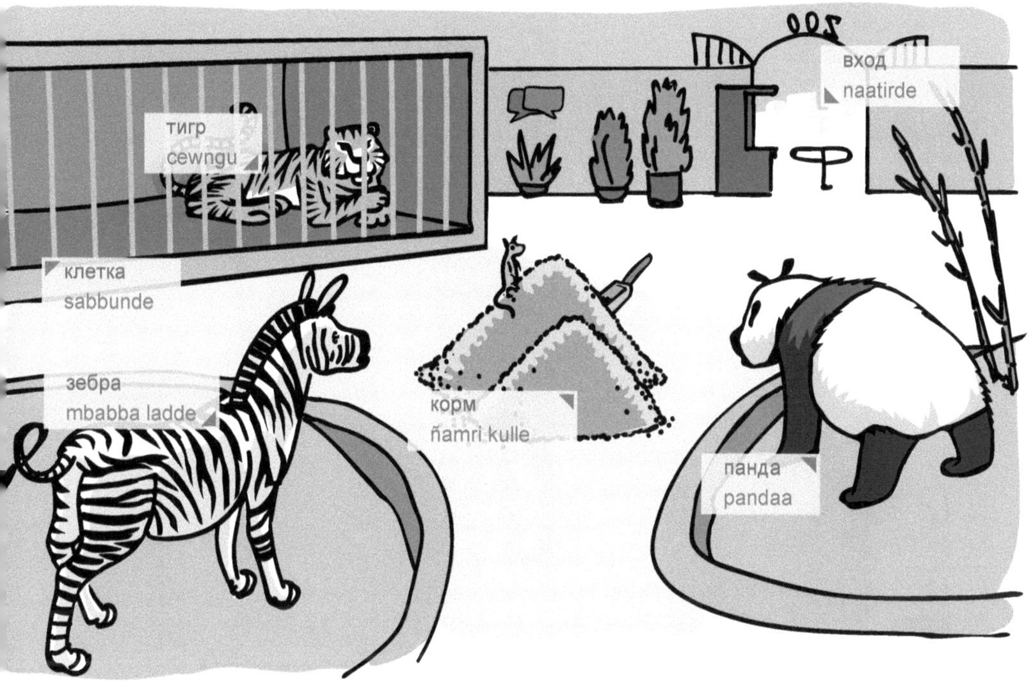

вход
naatirde
тигр
cewngu
клетка
sabbunde
зебра
mbabba ladde
корм
ñamri kulle
панда
pandaa

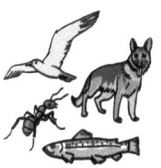

животные

kulle

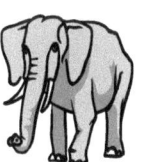

слон

ñiiwa

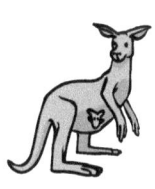

кенгуру

kanguruu

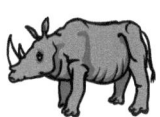

носорог

liwoongu

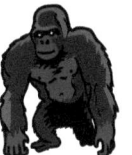

горилла

waandu

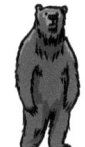

медведь

fowru

верблюд

ngelooba

страус

jaawagal

лев

mbaroodi

обезьяна

golo

фламинго

ñaarpural

попугай

seku

белый медведь

fowru nees

пингвин

peŋwee

акула

reke

павлин

ngoriyal

змея

mboddi

крокодил

nooro

служитель зоопарка

deenoowo kulle

тюлень

liingu

ягуар

cewngu

пони

molel puccu

леопард

cewlu

бегемот

ngabu

жираф

ñamala

орёл

ciilal

кабан

fowru

рыба

liingu

черепаха

heende

морж

morsee

лиса

daga

газель

lella

американский футбол
fugu koyngel Amarik

езда на велосипеде
welo

теннис
teniis

баскетбол
basket

плавание
lumbaade

хоккей
okey e galaas

бокс
bokse

футбол
fugu koyngel

бадминтон
badminton

лёгкая атлетика
dogduuji

гандбол
fugu jungo

лыжный спорт
eskiiy

поло
polo

прыгать
diw

смеяться
jal

обнимать
uurno

идти
yah

петь
yim

молиться
juul

мечтать
hoyɗu

целовать
ɓuuco

писать
windu

рисовать
diid

показывать
hollu

нажимать
duň

давать
rokku

брать
naw

иметь

jogo

делать

waď

быть

won

стоять

daro

бежать

dog

тянуть

ittu

бросать

weddo

падать

yan

лежать

fen

ждать

fad

носить

naw

сидеть

jooďo

надевать

boorno

спать

ďaano

просыпаться

finn

рассматривать

ndaar

плакать

woy

гладить

fiiy

причесывать

koomu

говорить

haal

понимать

faam

спрашивать

naamdo

слушать

hetto

пить

yar

кушать

ñaam

наводить порядок

habbu

любить

yiɗ

готовить

def

ехать

diirnu

летать

diw

ходить под парусом

awyu

считать

lim

читать

jangu

учиться

jangu

работать

liggo

вступать в брак

res

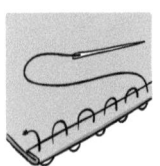

шить

aaw

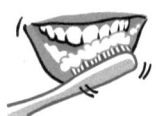

чистить зубы

boris ñiiÿe

убивать

war

курить

simmo

отправлять

neldu

бабушка
iraaɗo debbo

дедушка
taaniraaɗo gorko

папа
baaba

мама
yumma

младенец
tiggu

дочь
biɗɗo debbo

сын
biɗɗo gorko

гость

koɗo

тетя

gogo

дядя

kaawiraaɗo

брат

mawniraaɗo gorko

сестра

mawniraaɗo debbo

тело

ɓandu

лоб
tiinde
глаз
yitere
лицо
yeeso
подбородок
waare
грудь
endu
палец
feɗeendu
кисть
jungo
рука
jungo
плечо
walabo
нога
korlal

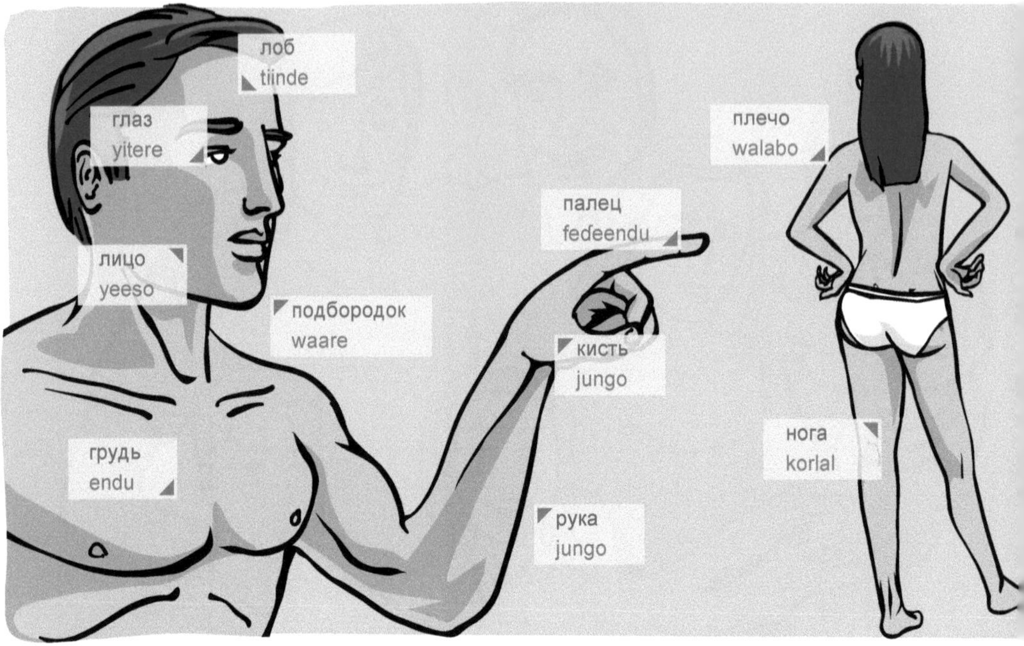

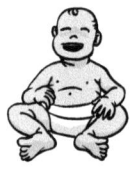

младенец

tiggu

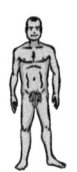

мужчина

gorko

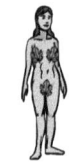

женщина

debbo

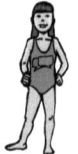

девочка

debbo

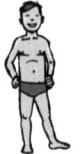

мальчик

gorko

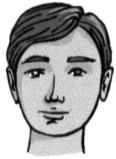

голова

hoore

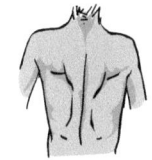

спина

keeci

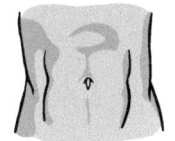

живот

reedu

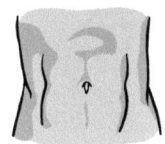

пупок

wudduru

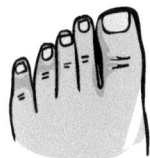

палец ноги

feɗeendu

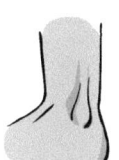

пятка

njaaɓordi

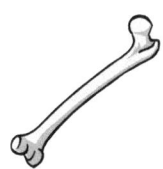

кость

ŷiyal

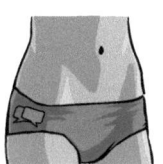

бедро

buhal

колено

hofru

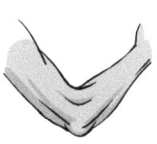

локоть

fooŋturu

нос

hinere

ягодицы

gaɗa

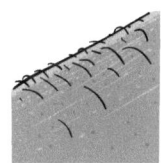

кожа

nguru

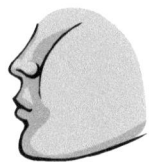

щека

abbuko

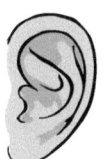

ухо

nofru

губа

tondu

рот

hunuko

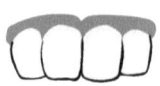

зуб

ñiire

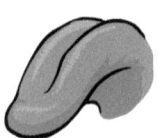

язык

ɗemngal

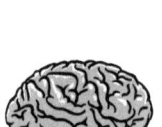

мозг

ngaandi

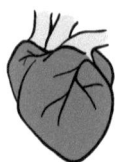

сердце

ɓernde

мышца

ÿiye

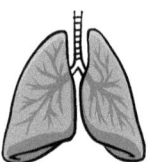

лёгкое

jofe

печень

heeñere

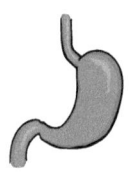

желудок

kuuse

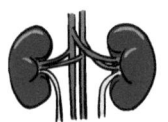

почки

booÿe

половой акт

leldaade

презерватив

kawasal

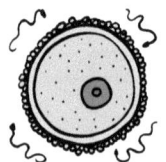

яйцеклетка

ɓoccoonde

сперма

maniiyu

беременность

cowagol

тело - ɓandu

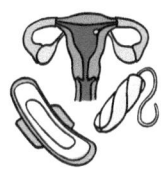

менструация
....
ella

вагина
....
kottu

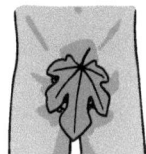

пенис
....
soolde

бровь
....
leebol yitere

волосы
....
sukundu

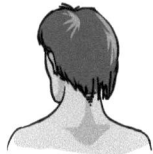

шея
....
daande

больница

safrirdu

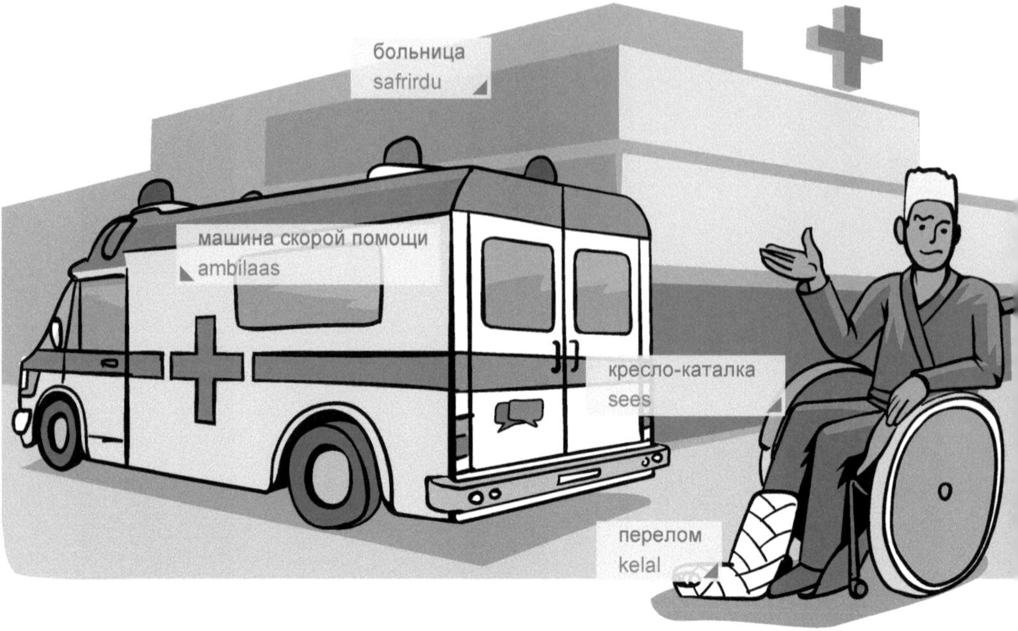

больница
safrirdu
машина скорой помощи
ambilaas
кресло-каталка
sees
перелом
kelal

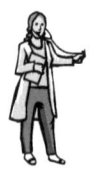

врач

cafroowo

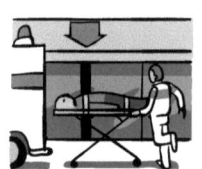

пункт первой помощи

suudu heñaare

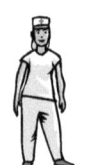

медсестра

debbo cafroowo

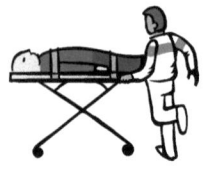

неотложный случай

heñorde

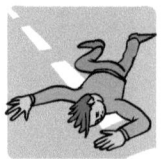

без сознания

wondaane hakkile

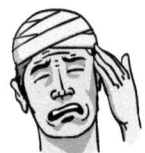

боль

muuseeki

повреждение

gaañande

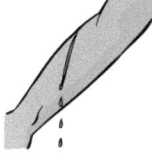

кровотечение

tuɗde ŷiiŷam

инфаркт

muuseeki ɓernde

инсульт

piigol

аллергия

nefo

кашель

ɗojjude

повышенная температура

ɓandu wulooru

грипп

pali

понос

ndogu reedu

головная боль

hoore muusoore

рак

kaaseer

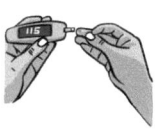

диабет

jabett

хирург

oppiroowo

скальпель

jaggirdi

операция

oppeere

КТ
CT

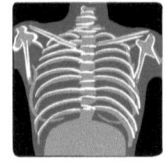

рентген
buuɗi x

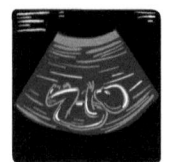

ультразвук
iltarasooŋ

маска
huurirdu yeeso

болезнь
rafi

приёмная
heblorde

костыль
beeke

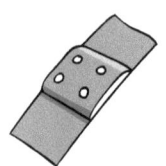

пластырь
tabak

бинт
bandaas

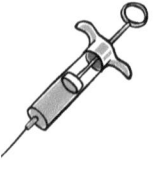

укол
pinggu

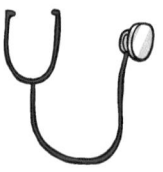

стетоскоп
estetoskop

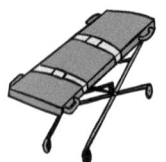

носилки
pooɗoowo

термометр
termomeeter safrirdu

рождение
jibinande

избыточный вес
ɓuttiɗgol

слуховой аппарат

ballal nanirɗe

дезинфекционное средство

labbinoowo

инфекция

raabo

вирус

wiriis

ВИЧ / СПИД

SIDAA

лекарство

lekki

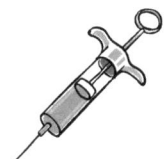

прививка

ñakko

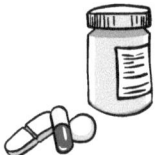

таблетки

podɗe

противозачаточная таблетка

foɗɗere

экстренный вызов

noddaango heñiingo

прибор для измерения кровяного давления

ÿeewtorde yaadu ÿiiyam

больной / здоровый

faawŋi / selli

Помогите!

Ballal

сигнал тревоги

pindinoowo

нападение

njangu

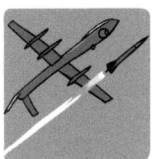

атака

raaŋande

опасность

boomre

запасной выход

yaltirde yaawnde

Пожар!

Jeyngol

огнетушитель

ñifoowo jeyngol

несчастный случай

aksida

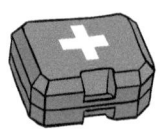

аптечка

saawdu safaara gadano

SOS

SOS

милиция

poliis

Европа

Orop

Северная Америка

Amarik Rewo

Южная Америка

Amarik Worgo

Африка

Afirik

Азия

Aasi

Австралия

Ostaraali

Атлантический океан

Atalantik

Тихий океан

Pasifik

Индийский океан

Maayo Endo

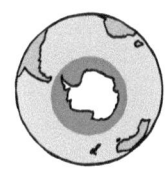

Антарктический океан

Maayo Antarkatik

Северный Ледовитый океан

Maayo Arkatik

Северный полюс

Baŋe Rewo

Южный полюс

Baŋe Worgo

Антарктика

Antarkatik

земля

Leydi

суша

leydi

море

maayo

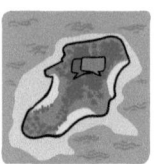

остров

siire

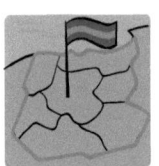

нация

wuro

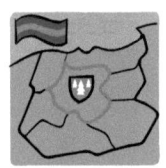

государство

laamu

циферблат

yeeso waktu

часовая стрелка

jungo waktu

минутная стрелка

jungo hojoma

секундная стрелка

jungo majaango

Который час?

hol waktu?

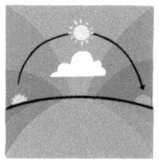

день

ñalawma

время

saha

сейчас

jooni

электронные часы

mantoor nattoowo

минута

hojoma

час

waktu

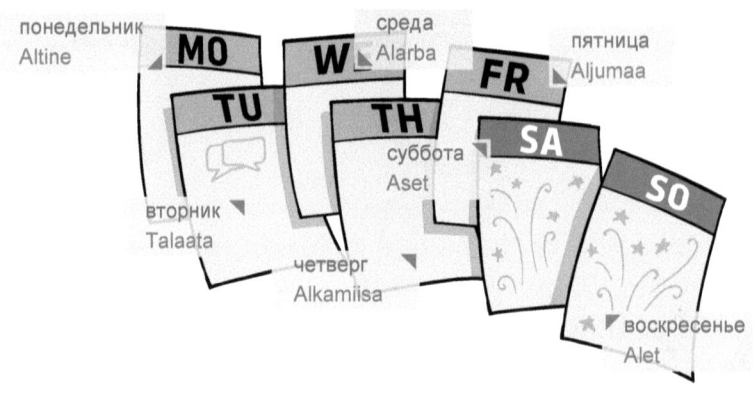

понедельник
Altine

среда
Alarba

пятница
Aljumaa

вторник
Talaata

четверг
Alkamiisa

суббота
Aset

воскресенье
Alet

вчера

hanki

сегодня

hande

завтра

jango

утро

subaka

полдень

ñalawma

вечер

kikiiɗe

MO	TU	WE	TH	FR	SA	SU
1	2	3	4	5	6	7
8	9	10	11	12	13	14
15	16	17	18	19	20	21
22	23	24	25	26	27	28
29	30	31	1	2	3	4

рабочие дни

biir

MO	TU	WE	TH	FR	SA	SU
1	2	3	4	5	6	7
8	9	10	11	12	13	14
15	16	17	18	19	20	21
22	23	24	25	26	27	28
29	30	31	1	2	3	4

выходные

ñalɗi

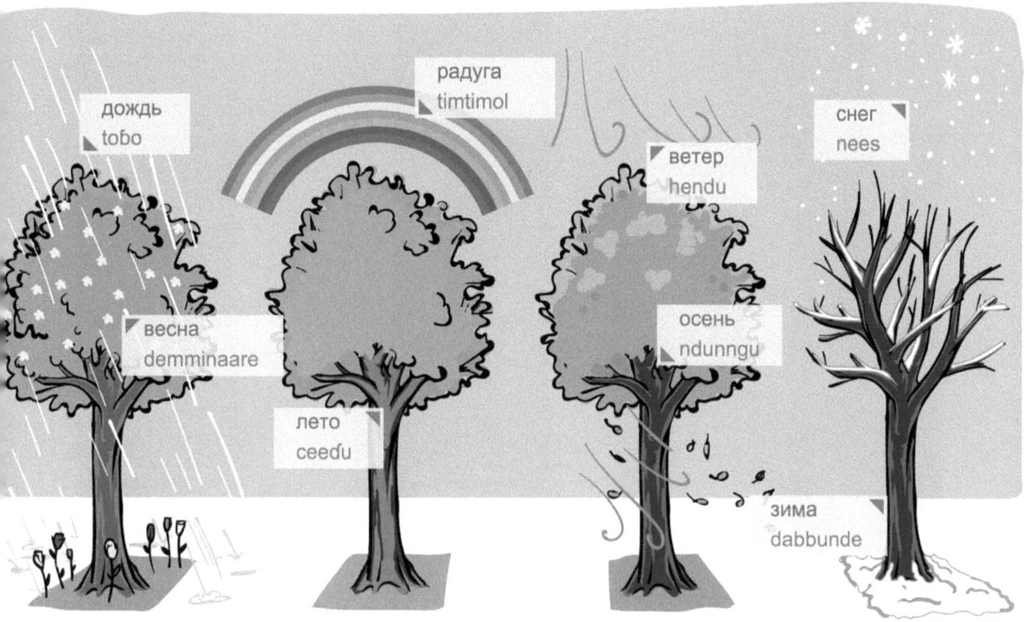

радуга
timtimol

дождь
tobo

снег
nees

ветер
hendu

весна
demminaare

осень
ndunngu

лето
ceeɗu

зима
dabbunde

прогноз погоды

kabaaru weeyo

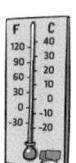

термометр

termomeeter

солнечный свет

naaŋini

туча

ruulde

туман

cuurki

влажность воздуха

uddeende

молния

majje

гром

gidaango

буря

hendu

град

huɗɗni

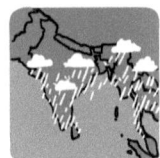

муссон

ruulɗini

наводнение

waame

лёд

nees

январь

Siilo

февраль

Colte

март

Mbooy

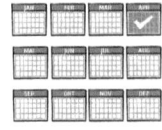

апрель

Seeɗto

май

Duuyal

июнь

Korse

июль

Morse

август

Juko

год - hitaande

сентябрь

Siilto

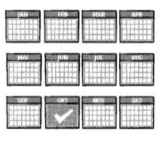

октябрь

Yarkoma

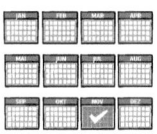

ноябрь

Jolal

декабрь

Bowte

формы

balli

круг

taarto

квадрат

yaajeendi

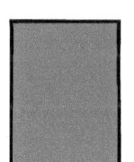

прямоугольник

yaajo

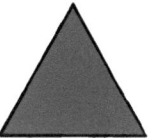

треугольник

saraandi

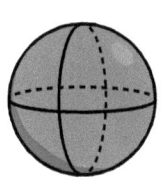

шар

mbiifu

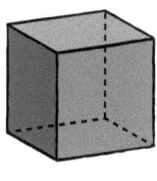

куб

kiibb

белый

daneejo

желтый

oolo

оранжевый

oraas

розовый

roos

красный

boɗeejo

лиловый

mboongu

синий

bulaajo

зелёный

werte

коричневый

cooyo

серый

puro

чёрный

ɓaleejo

много / мало

heewi / seeɗa

яростный / мирный

seki / deeyi

красивый / уродливый

yooɗi / soofi

начало / конец

fuuɗorde / gasirde

большой / маленький

mawɗo / tokooso

светлый / темный

leeri / niɓɓiɗi

брат / сестра

maniraaɗo / miñiraaɗo

чистый / грязный

laaɓi / tunwi

полный / неполный

timmi / manki

день / ночь

ñalawma / jamma

мёртвый / живой

maayi / wuuri

широкий / узкий

yaaji / faaɗi

съедобный / несъедобный

nano / nanotaako

злой / дружелюбный

boni / moÿÿi

взволнованный / скучающий

softi / yoomi

толстый / худой

buttiɗi / sewi

сначала / в конце

adi / wattindi

друг / враг

sehil / gaño

полный / пустой

heewi / ɓolɗi

твёрдый / мягкий

muusi / weeɓi

тяжёлый / легкий

teddi / hoyi

голод / жажда

heege / ɗomka

больной / здоровый

faawŋi / selli

незаконный / законный

wona laawol / laawol

умный / глупый

feerti / muddiɗi

слева / справа

nano / ñaamo

близко / далеко

batti / woɗɗi

новый / подержанный

keso / kiiɗɗo

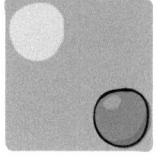

ничто / нечто

ndiga / huunde

старый / молодой

nayeejo / suka

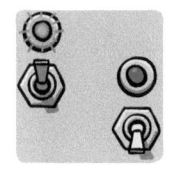

включено / выключено

huɓɓi / ñifii

открыто / закрыто

uditi / uddii

тихо / громко

deeŷi / dille

богатый / бедный

alɗi / waasi

правильный /
неправильный

goonga / fenaande

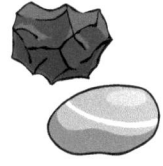

шероховатый / гладкий

tiiɗi / nooyi

печальный / счастливый

metti / weli

короткий / длинный

rabbidi / juuti

медленный / быстрый

leeli / yaawi

мокрый / сухой

leppi / yoori

тёплый / прохладный

wuli / ɓuuɓi

война / мир

hare / jam

0

ноль

ndiga

1

один

gooto

2

два

ɗiɗi

3

три

tati

4

четыре

nay

5

пять

joy

6

шесть

jeegom

7

семь

jeeɗiɗi

8

восемь

jeetati

9

девять

jeenay

10

десять

sappo

11

одиннадцать

sappoy goo

12

двенадцать

sappoy ɗiɗi

13

тринадцать

sappoy tati

14

четырнадцать

sappoy nay

15

пятнадцать

sappoy joy

16

шестнадцать

sappoy jeegom

17

семнадцать

sappoy jeeɗiɗi

18

восемнадцать

sappoy jeetati

19

девятнадцать

sappoy jeenay

20

двадцать

noogaas

100

сто

teemedere

1.000

тысяча

ujunere

1.000.000

миллион

miliyooŋ

английский

Aŋale

американский английский

Aŋale Amarik

мандаринский китайский

Mandare Siinaabe

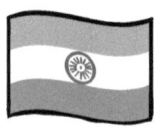

хинди

Hindi

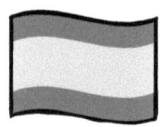

испанский

Espaňool

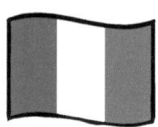

французский

Farayse

арабский

Arab

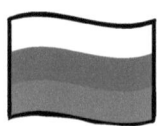

русский

Riis

португальский

Portigees

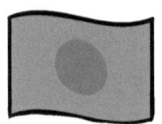

бенгальский

Bengali

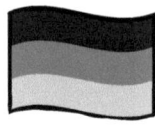

немецкий

Almaa

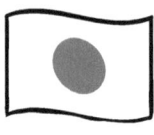

японский

Sapponee

я

miin

ты

an

он / она / оно

kanko / kanko / kanum

мы

minen

вы

onon

они

kambe

кто?

holoon?

что?

holɗuum?

как?

holnoon?

где?

holtoon?

когда?

mande?

имя

inde

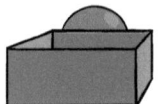

за
....
caggal

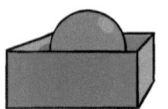

в
....
nder

перед
....
sawndo

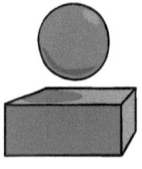

над
....
dow

на
....
e

под
....
les

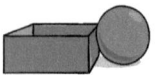

рядом
....
sara

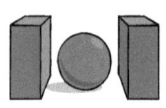

между
....
hakkunde

место
....
nokku